LEBENSGEDICHTE

Gedichte

Band 11

Nicole Sunitsch

Bibliografische Information der Deutschen Nationalbibliothek:
Die Deutsche Nationalbibliothek verzeichnet diese Publikation in
der Deutschen Nationalbibliografie;
detaillierte bibliografische Daten sind im Internet über
http://dnb.dnb.de abrufbar.

Herstellung und Verlag:
BoD – Books on Demand, Norderstedt

1. Auflage: August 2020
ISBN: 978-3-7519-7820-0

Titel/Idee: Nicole Sunitsch
Cover/Bild: GDJ Pixabay
Freie kommerzielle Nutzung
Kein Bildnachweis nötig
Gedichte/Zitate: Nicole Sunitsch
Korrektorat: Elisabeth Michl

Inhaltsverzeichnis

Vorwort

Liebe Leserinnen und Leser!

Die passenden Gedichte übers Leben und Lebensweisheiten finden Sie in diesem Buch. Doch auch Freunde begleiten uns auf unserem Lebensweg und machen unser Leben schöner. Jeder Mensch tritt aus einem bestimmten Grund in unser Leben. Ob wir die Türe zu unserem Herzen öffnen und wie lange dieser Mensch bleiben darf, bestimmen wir selbst. Besonders heute, in dieser schnelllebigen Zeit sind Gedichte eine gute Wahl und etwas Besonderes. Legen Sie mal das Handy weg und genießen sie ein paar liebliche, ehrliche und lebensnahe Sätze, weit weg vom Alltag. Lassen Sie die Gedichte auf sich wirken und genießen Sie diese kleine Auszeit in ihrem Leben. Wer weiß, vielleicht können Sie sich mit einigen Gedichten identifizieren und sie bleiben Ihnen noch lange im Gedächtnis.

Nun wünsche ich Ihnen viel Spaß beim Lesen!

Die Autorin

Nicole Sunitsch

Sinn

Das Leben hat einen Sinn,
mein Herz zeigt mir wohin.
Probleme kommen und gehen,
meine Augen wollen noch so viel Schönes sehen.

Das Leben hat einen tieferen Sinn,
meine Gedanken zeigen mir wohin.
Enttäuschungen kommen auf uns zu,
doch die Reife zwingt uns zu Ruh.

Das Leben und der Sinn darin,
auch ich möchte bleiben wie ich bin.
Doch der Sinn ist die Aufgabe des Lebens,
manche finden ihn, andere warten vergebens.

Für viele wird es nur einen Sinn geben
und das ist „Leben".

Gesund aufstehen

Diese Woche wird wieder hart,
ich am Montag gar nicht aufstehen mag.
Tage und Wochen vergehen,
die Gedanken bei der Arbeit,
kann oft das Leben nicht verstehen.

Jeden Tag werde ich älter,
die Berufswelt immer kälter.
Stress, Leistung und Druck,
manchmal bin ich sauer, voll ist der Krug.

Noch mehr zu geben mit der Zeit,
die Entfernung zur Pension so weit.
Deswegen muss ich auch mal danke sagen,
ab und zu neue Schritte wagen.

Manche würden gerne arbeiten gehen,
denn sie wären froh,
nur noch einmal gesund aufzustehen.

Verrückt

Das Leben spielt manchmal verrückt,
nicht immer bin ich von Menschen entzückt.
Viele Menschen verletzen mit Worten,
sie die liebevollen Worte horten.

Doch das kommt mir nicht in den Sinn.
Menschlichkeit ist für alles Leben ein Beginn.
Darum lade ich euch alle ein,
wieder mehr gesellig und menschlich zu sein.

Oft glaube ich

Oft glaube ich, ich bin ein anderes Wesen,
kein Drang nach Geld, viel Gutes ohne Spesen.
Oft glaube ich, ich habe viel zu viel getan,
ich nicht immer etwas zurückbekam.

Oft glaube ich, es gibt noch mehr,
viele sind tot, ich vermisse sie sehr.
Oft glaube ich, es gibt einen Sinn im Leben,
vielleicht ist es das Nehmen und Geben.

Oft glaube ich, ich habe noch nicht alles erreicht,
doch mit meiner Liebe schon viele Herzen erweicht.
Oft glaube ich, ich bin begabt,
wo kein Mensch meine Wege wagt.

Oft glaube ich, ich kann noch viel mehr geben,
denn es macht mich glücklich, "so zu leben".

Freundschaft

Wenn ich deine Hilfe brauch,
bekomme ich sie auch.
Wenn ich einsam bin, bist du da,
durch dich werden Regentage wunderbar.
Wenn auch die Jahre zu schnell vergehen,
kann ich unsere Freundschaft noch in der Zukunft
sehen.

Ich hoffe, du lässt mich nicht im Stich,
denn ich brauche dich.
Ganz nahe stehst du zu mir,
deswegen diese Zeilen hier.
Bei diesem Gedicht habe ich an dich gedacht,
ich merke,
dass mich unsere Freundschaft sehr glücklich macht.

Das Leben leben

Freude, Spaß und Glück,
dem Leben näher kommen, Stück für Stück.
Trauer, Leid und Schmerz,
das Leben leben, mit ganz viel Herz.

All das sollen wir erleben
und noch ganz viel Liebe weitergeben.

Danke sagen

Du bist immer für mich da,
durch dich wurden schon viele Träume wahr.
Du hörst mir immer zu,
Verletzungen sind für dich tabu.

So treu an meiner Seite
und das noch nach Jahren,
dafür möchte ich dir ganz einfach mal „Danke" sagen.

Wir

Für eine Freundin wie du es bist,
mit wenig Streit und Zwist,
ich weiß, dass du etwas ganz Besonderes bist.

Deswegen schenke ich dir diese Zeilen hier,
denn Freundschaft heißt nicht nur ich
sondern „Wir".

Angst

Angst zu haben ist normal,
doch sie macht dein Leben oft zur Qual.
Du fürchtest dich vor dem nächsten Schritt,
die Angst gibt dir einen Tritt.

Die Angst lässt deinen Puls steigen,
doch nicht die richtigen Wege zeigen.
Deine Gefühle sind traurig und leer,
doch die Angst wird nur noch mehr.

Bis du deinen Verstand unter Kontrolle hast,
erst dann schwinden die Angst und deine Last.
Deine Angst hemmt dich jeden Tag,
weil dein Verstand es sich vorstellen mag.

Beeinflusse den Verstand,
deine Vorstellung hat dein Herz schon lange erkannt.
Der Druck ist danach nicht mehr so schwer wie Blei,
löse dich von deinen Ängsten und du bist frei.

Enttäuschungen

Enttäuschungen haben einen Wert,
sie machen das Leben nicht verkehrt.
Ich bin sehr froh, sie zu erleben,
um mit der Wahrheit die Stimmung zu heben.

Die Täuschung wurde entdeckt,
das Herz nur kurz mit Schmerz befleckt.
Doch habe weiterhin Erwartungen im Leben,
denn sie werden dir trotz Enttäuschungen
Freude geben.

Wo, was, wie ...

Wo will ich hin,
was macht für mich Sinn?
Wo möchte ich sein,
mit meinen Gedanken verweilen?

Wie will ich in Zukunft leben,
nach welchen Zielen soll ich streben?
Wie möchte ich die Zukunft gestalten,
meine Gedanken ordnen und verwalten?

Wo ich sein will, weiß ich nicht,
mein Chaos zu groß, kein Ende in Sicht.
Wie wird mein Leben enden,
wo, was, wie?
Möge sich alles zum Guten wenden.

Gute Besserung

Probleme, die dir Kummer bereiten.
Hoffen, ein ständiges Begleiten.
Wenn der Körper nicht mehr kann,
dann dauert die Genesung besonders lang.

Manchmal löst die Psyche vieles aus,
oft spielen die Gedanken verrückt, es ist ein Graus.
Wenig Freunde, die dir Ratschläge geben,
oft heißt es, ganz alleine dastehen.

Keine Angst, so geht es vielen heutzutage,
keine Neider in solch schwieriger Lage.
Dein Leben wird sich sicher wieder drehen,
auch du wirst wieder Lichtblicke sehen.

Diese Zeilen sollen dir einen Motivationsschub geben,
deine Seele von innen beleben.
Darum wünsche ich dir in deinem Leben
ganz viel Schwung und gute Besserung.

Jemand

Du bist jemand,
der mich mit Liebe umhüllt
und einer,
der mein Herz mit Wärme füllt.

Du bist jemand,
der mich zum Lachen bringt
und mich zu nichts zwingt.

Du bist jemand,
der mich mit Kraft versorgt,
mir bei Kälte seine Decke borgt.

Du bist jemand,
der mein Leben in eine positive Richtung lenkt
und trotz Entfernung an mich denkt.

Du bist jemand,
der mich zu einem glücklichen Menschen macht,
deswegen schicke ich dir ein Küsschen
ganz leise und sacht.

Mit anderen Augen

Das Leben ist oft hart,
in der Berufswelt bleibt dir nichts erspart.
Mobbing und Neid,
die Mitmenschen sind dazu bereit.

Das Leben ist oft schwer,
sehr selten ein harmonischer Flair.
Stress und viel Druck,
ganz am Boden und trotzdem noch ein Ruck.

Das Leben ist sehr schön,
ich mich an die positiven Momente schnell gewöhn.
Das Leben kann uns noch viel mehr geben,
wir müssen es nur mit anderen Augen sehen.

Traum

Du erlebst es meistens in der Nacht,
bis dass der Tag erwacht.
Du siehst verschiedene Bilder,
manchmal einen Schein,
du wirst wach, bist trotzdem allein.

Deine Stimme ist stumm und schweigt,
dein Kopf sich zur Seite neigt.
Ganz tief sitzt der Schmerz,
so traurig ist dein Herz.

Manchmal weißt du nicht, was dich quält,
nicht ganz da, eher in einer anderen Welt.
Du öffnest die Augen, ziehst am Saum
und weißt: Es war nur ein Traum!

Glaube mir

Deine Kleidung ist ganz schlicht,
du keine Versprechen brichst.
Du hast für Menschen stets ein offenes Ohr,
mit dir kann man Spaß haben,
denn du hast Humor.

Du wirst von fast allen Menschen gemocht,
dein Herz ganz stark für die Liebe pocht.
Deine Nähe tut mir so gut, wie Lebenselixier,
ich hab dich sehr lieb, glaube mir.

Ich hab dich lieb

Schon lange haben wir uns nicht gehört,
keineswegs wurde unser Verhältnis gestört.
Einmal ist es weniger,
manchmal auch mehr,
doch wenn wir uns schreiben,
dann freue ich mich sehr.

Manchmal gehört auch die Stille zum Leben,
wir würden gerne unsere Freunde öfter sehen.
Leider lässt das die Zeit nicht immer zu,
denn jede Seele braucht manchmal Ruh.

Doch in Gedanken bin ich so oft bei dir,
lasse dir innige Grüße hier.
Ich hoffe, du hast Mut
und deiner Seele geht es gut.

Ein wärmendes Gefühl überkam mich,
als ich diese Zeilen schrieb,
vergiss nie, ich hab dich lieb.

Mensch

Du bist ein ganz besonderer Mensch,
dich schätze ich sehr,
du bist nicht arm aber auch kein Millionär.

Du besitzt in deinem Herzen
Freude und Heiterkeit,
mehr noch schätze ich deine Ehrlichkeit.

Du machst mich glücklich
in dieser nicht einfachen Welt,
deine Stimme manch düsteren Tag erhellt.

Ein Geben und Nehmen,
du hörst mir immer zu
und dieser wunderbare Mensch bist du.

Socken als Geschenk

Obwohl ich dich nicht persönlich kenne,
ich es trotzdem Verbundenheit nenne.
Ich weiß nicht was es ist,
doch merke ich, dass du etwas Besonderes bist.

Deine Geschenke geben mir Geborgenheit,
erinnern mich an meine Schwiegermama
und die schöne Zeit.

Wenn ich deine Socken trage,
kommt Liebe auf, obwohl ich nichts frage.
Sie wärmen mich auf eine ganz andere Art,
geben mir ein Lächeln wenn ich verzag.

Die Farben sprechen mich an,
so gut gewählt, ich es nicht glauben kann.
Deine Handarbeit bedeutet mir sehr viel,
so gut stricken zu können, wäre mein Ziel.

Ich danke dir für diese persönliche Gabe,
nicht jeder befindet sich in solch glücklicher Lage.
Deine Liebe im Detail ehrt mich sehr,
für kein Geld der Welt, gäbe ich die Socken her.

Nicht alle Menschen sind so wie wir,
doch es gibt auch andere Herzen hier.
Was ich aber noch sagen muss,
deine Socken vertreiben jeden Verdruss.

Ganz liebe Grüße aus der Ferne,
ich danke dir für deine Zeit, Geduld und Wärme.
Ich umarme dich aus der Ferne,
ich mag die Socken sehr gerne.

Mama im Himmel

Heute war ein schöner Tag,
ich mir meine Füße vertrat.
Ich stolzierte vor mich hin,
fragte mich leise, wo will ich noch hin?

Leise sprach eine bekannte Stimme,
mach weiter, es ist in deinem Sinne.
Ich fragte weiter, freute mich sehr,
doch ich hörte keine Stimme mehr.

Abends sah ich in den Himmel rauf,
doch dann kam mir ein Gedanke auf.
Von oben lächelte mich wer an,
ich wusste dass es nur meine
Mama sein kann.

Gesundheit

Manchmal läuft das Leben nicht rund,
man fühlt sich nicht gesund.
Der Körper wird immer müder,
der Geist nicht mehr so wie früher.

All das gehört zum Leben,
es kann nicht nur Gesundheit geben.
Ab und zu kommen Krankheiten auf uns zu,
zwingen Körper und Seele zur Ruh.

Doch irgendwann kommen wieder bessere Tage
und du fühlst dich wieder gut für viele Jahre.

Meine Einstellung

Ein Tag ohne Schmerzen wäre wohl
zu schön um wahr zu sein,
kaum vergeht ein Tag ohne Leiden.
Langsam nervt das schon,
ich vielleicht im falschen Körper wohn.

Doch ich hab ihn mir selbst ausgesucht,
die weichen Gestelle waren ausgebucht.
Deswegen nehme ich alles an mir an,
denn ich weiß,
dass ich mit meiner Einstellung viel ändern kann.

Blüten

Deine Blüten sprechen mich an,
ich gar nicht mehr wegsehen kann.
Ihre Farbe bringt meine Augen zum Funkeln,
sie leuchten sogar im Dunkeln.

Blümchen du bist schön,
wieso kann ich nicht mehr von dir sehen?
Doch gerade das macht dich als Blume so wunderbar
und ich hoffe,
dich gibt es noch viele Jahr.

Ganz einfach mal so

Auch wenn wir uns selten sehen,
weiß ich, dass wir uns verstehen.
Unsere Freundschaft besteht
aus Herz und Verstand,
brauche ich Hilfe, reichst du mir die Hand.

Du bist zu mir immer ehrlich und treu,
sodass ich mich auf jedes Treffen freu.
Deine Nähe macht mich immer sehr froh,
darum sage ich danke,
ganz einfach mal so.

Spaß

Du warst zu mir noch niemals schlecht,
dein Verhalten, deine Worte waren nie ungerecht.
Mit dir würden gerne mehr Menschen
den Lebensweg gehen,
um mit beiden Beinen im Leben zu stehen.

Wir zwei haben die gleichen Seelen,
zusammen wird uns nie etwas lange quälen.
Wenn uns schon so manche Probleme plagten,
wir auch in schweren Zeiten nicht verzagten.

Vielleicht ist es etwas Bestimmtes
oder nur irgendwas,
doch genau deswegen macht das Leben mit
dir sehr viel Spaß.

Gesundheit

Manche Menschen haben es nicht leicht,
Krankheit ihren Körper streift.
Die Seele leidet mit,
Hoffnung schwindet Schritt für Schritt.

Trotzdem sind sie voller Mut,
tun anderen Menschen mit positiven Worten gut.
So gutmütig und liebevoll ist ihr Herz,
sie vergessen dabei ihren eigenen Schmerz.

Genau diese Menschen verdienen sehr viel mehr,
haben kein Glück und es ist für sie schwer.
All den kranken Menschen wünsche
ich in nächster Zeit,
ganz viel Gesundheit.

Rücken an Rücken

Wir stehen Rücken an Rücken,
das Leben leer mit vielen Lücken.
Es vergeht kein Tag, wo ich an dich denke,
von weitem ich dir Liebe schenke.
Jahre vergehen,
doch noch immer kannst du meine Liebe nicht sehen.

Keiner von uns wagt einen Schritt nach vorn,
so hell, so schön war damals unsere Liebe geboren.
Heute sind wir Jahre älter,
unsere Gefühle zueinander viel kälter.
Unsere Herzen sind getrennt und stur,
kein Funken Hoffnung trägt der Kindheitsschwur.

Unsere Haare gleich wie das Ebenholz,
doch schuld an allem ist unser Stolz.
Bis jetzt finden wir zusammen in unseren Träumen,
doch mir ist heute schon bewusst,
dass wir dadurch sehr viel Liebe versäumen.

Ich hoffe du siehst unsere Scherben,
vielleicht finden wir wieder zueinander,
noch vor dem Sterben.

Neid stirbt nie

Neid hat es immer schon gegeben,
leider ist das so im Leben.
Umso mehr der Mensch erreicht,
der beste Freund von der Seite weicht.

Missgunst und Neid,
das Leben ist nicht immer leicht.
Das Positive ist daran,
dass man sich Neid nicht kaufen kann.

Mach einfach weiter,
vielleicht wird so mancher Mensch gescheiter.
Für viele zählt auch Missgunst zur Pflicht
und Neid stirbt nie, vergiss das nicht.

Erinnerung

Das Leben ist oft zu schnell vorbei,
der Verlust eines geliebten Menschen,
reißt Familien entzwei.
Zu groß ist Trauer und Schmerz,
das Band umwickelt das Herz.

Weinend kehrt man in sich hinein,
Schatten umhüllt, fragt man sich,
wie kann das nur sein?
Fragen über Fragen,
sie hören nie auf, auch nicht nach Jahren.

Doch irgendwann weicht der Druck vom Herzen,
sie werden weniger, die Schmerzen.
Weinend kehrt man in sich wieder hinein,
doch die Erinnerung wird ein Teil von uns sein.

Freundin

Du bedeutest mir sehr viel,
so eine Freundin zu haben war schon
immer mein Ziel.
Du hörst mir zu,
bin ich aufgeregt,
komme ich bei dir zur Ruh.

Wenn ich etwas brauche von dir,
dann gibst du es mir.
Du bist sehr ehrlich und offen,
mit dir kann ich auch bei Aussichtslosigkeit hoffen.

Manchmal war unser Leben mühsam,
wir hielten immer zusammen egal wie es kam.
Du bist in Gedanken immer bei mir,
unsere Herzen ergeben ein erfülltes Wir.

Es ist heute nicht selbstverständlich,
so eine Freundin wie dich zu haben
und deswegen möchte ich dir danke sagen,.

Auf unsere Freundschaft

Du bringst mich zum Lachen,
wir reden ganz oft über unwichtige Sachen.
Manchmal sehen wir uns mehr,
denn das Kaffee trinken lieben wir beide sehr.

Wir tauschen uns aus,
kommen meistens später nach Haus.
Die Zeit geht fast immer zu schnell vorüber,
doch danach ist die Stimmung schön, nicht trüber.

Du bist ein wundervolles Wesen,
so gerne wäre ich viel früher deine Freundin gewesen.
Nun möchte ich dir mit diesen Zeilen sagen,
es lebe unsere Freundschaft
auch noch nach Jahren.

Lebensreise

Das Leben ist eine Reise,
doch vor dem Tod werden wir ganz leise.
Still erleben wir die einzelnen Schritte,
langsam erreicht unsere Seele die Mitte.
Irgendwann ist es dann soweit,
Angst und Licht machen sich breit.

Die Reise ist dann zu Ende,
am Sterbebett halten die Liebsten deine Hände.
Sie trauern und weinen um dich,
haben schon das Ende in Sicht.
In Wirklichkeit ist es ein Anfang für ein neues Leben
und vielleicht gibt es im Himmel ein Wiedersehen.

Lebensbaum

Heute wurde mir ein Lebensbaum geschenkt,
die Zweige voll Liebe getränkt.
Drei Wochen verbrachten wir zusammen,
wir von verschiedenen Städten kamen.
Von Anfang an war es klar,
wir standen uns sehr nah.

Wir lachten, weinten, ganz egal wo,
hielten unsere Hände und waren froh.
Auch wenn mal kein Besuch kam,
keiner von uns fühlte sich einsam.
Oft sind es fremde Herzen, die berühren,
wo wir auf Anhieb Liebe spüren.

In unserer Welt ist das Seltenheit,
unsere Kur war eine schöne Zeit.
Keine Sekunde mit euch möchte ich missen,
was es genau ist,
würde ich gerne wissen.
Ich denke nach,
liege fast die ganze Nacht wach.

Doch es ist der Lebensbaum mit den Zweigen,
der lässt vergessen jedes Leiden.
Am schönsten waren jedoch die Augenblicke
mit euch Zwei,
sie machten mein Herz sehr frei.

Der Lebensbaum ändert sich ständig,
doch erst durch eure Liebe wurden die Zweige zu
meinem Herzen lebendig.

Dafür reiche ich euch die Hand,
denn ich habe euch Englein von Anfang an erkannt.

Tage, Wochen, Jahre ...

Es gibt Tage, die nicht gut laufen,
wo kaum Zeit bleibt zum Verschnaufen.
Es gibt Wochen, die schnell vergehen,
wo kaum Zeit bleibt für das schöne Leben.

Es gibt Jahre, die gehören nicht zu den Besten,
wo kaum Zeit bleibt für den Westen.
Doch es sind oft Minuten,
wo dich Menschen mit Liebe überfluten.

Manchmal sind es nur Sekunden
und du hast deinen Lieblingsmenschen gefunden.

Heutzutage

Heutzutage gibt es so viel Empfindlichkeit,
Reizbarkeit macht sich breit.
Wenige Menschen haben Freude am Leben,
so viele nur noch das Negative sehen.

Heutzutage gibt es so wenig Dank,
die Nächstenliebe ist vergessen und sank.
Jeder nur mehr für sich,
Egoismus und Arroganz unterm Strich.

Heutzutage wollen die Menschen immer mehr,
Materialismus und Oberflächlichkeit steigen sehr.
Egal ob jung oder alt,
wo ist der Zusammenhalt?

Heutzutage würde ich mir gerne mehr Miteinander
wünschen und Zusammenhalt sehen,
denn das macht es aus im Leben.

Fragen

Es vergeht kein Tag,
wo ich mich selbst bestimmte Dinge frag.
Ich denke so oft nach,
liege in der Nacht noch wach.

Keine Antworten in meinem Kopf,
manchmal ziehe ich an meinem Zopf.
Leider hilft das nicht dem Denken,
kann mein Leben einfach nicht lenken.

Zuviel ist in den letzten Monaten passiert,
mein Herz bei den Gedanken erfriert.
Doch ich bleibe weiterhin stark,
wo ich mich selbst,
bestimmte Dinge frag.

Das Alter

Die Sonne strahlt über mein Gesicht,
doch erkenne ich das Lächeln nicht.
Ganz trübe sind meine Augen,
der Glanz ist weg, kann es nicht glauben.

Das Alter ist da, nimm es an.
Ich mache das, was ich kann,
teile mir den Tag gut ein,
es muss nicht mehr alles auf einmal sein.

Die Jahre vergehen,
kann meine Pension schon sehen.
Meine Hobbies geben mir Erfüllung im Leben,
deswegen wird es bei mir keinen Pensionsschock
geben.

Schöne Momente

Manchmal ist es wirklich nicht leicht,
Schulden, Arbeitslosigkeit und Krankheit das Leben
erreicht.

Viele Menschen kommen in eine solche Lage,
nicht jeder bekommt Glück als Gabe.
Auch wird es immer Reiche und Arme geben,
wo die Armen die Reichen um Butter anflehen.

Viel schöner wäre es wenn wir alle das Gleiche hätten,
ohne dafür Gott anzubeten.
So würde jeder von uns die Welt mal anders sehen
und jeder könnte viele schöne Momente erleben.

Spiegel

Von vielen Menschen sehr geschätzt,
doch der Mensch durch Neid auch Böses schwätzt.
Vielen Leuten du trotzdem ein Lächeln schenkst,
du durch Liebe das Böse ins Positive lenkst.

Doch man soll auf seine Werte bauen,
so kann jeder in den Spiegel schauen.
Ob dann der Mensch zufrieden ist,
das erfährt man nicht, das ist gewiss.

Lebenswege

Ich will mehr als deine Freundin sein,
unsere Gespräche ehrlich, die Seelen rein.
Ich wünsche mir, dass du mir Vertrauen schenkst
und auch bei Entfernung an mich denkst.

Ich hoffe,
unsere Freundschaft bleibt noch lange bestehen,
denn es ist sehr schön,
Lebenswege mit dir gemeinsam zu gehen.

Herzlichkeit

Ich geh mit dir zusammen durchs Leben,
Herzlichkeit, Verstand und Liebe
wir uns gegenseitig geben.
Dein Herz so groß und rein,
dein Kopf trägt einen Heiligenschein.

Mit ehrlichen Worten stets gesprochen,
bis jetzt keine Versprechen gebrochen.
Geht es mir schlecht, nimmst du meine Hand,
hast Traurigkeit in meinen Augen erkannt.

Darum möchte ich dir danke sagen
ich bin sehr froh,
so einen Freund wie dich zu haben.

Stärke

Manchmal ist das Leben schwer,
Probleme häufen sich und werden mehr.
Oft werfen dich Schicksalsschläge aus der Bahn,
der Körper funktioniert, die Psyche, wenn sie es kann.

Ab und zu wird dann alles zu viel,
das Leben ähnelt einem
„Mensch ärgere dich nicht Spiel"!
Oft werden einem die Füße vom Boden gerissen,
im Krankenbett wartet das Kissen.

Doch genau dann sollten wir stark bleiben,
den Menschen Hoffnung und Respekt zeigen.
Wir alle haben nur das eine Leben
und nur leichte Wege kann es nicht geben!

Mit Leichtigkeit

Ich liege lange wach,
mein Atem ist sehr flach.
Ich denke zu viel an das Morgen,
würde mir gerne Gesundheit borgen.

Es geht mehr bergab als rauf.
das Leben nimmt seinen Lauf.
Solltest du mal ganz traurig sein,
hilf dir selbst und lerne verzeihen.

So wird dein Herz ganz leicht
dein Körper wieder innerliche Kraft erreicht.
Die Leichtigkeit hilft dir bei deinem Lebensweg,
baut dir gedanklich einen Steg.

Zum Schluss wirst du deinen Weg
mit Leichtigkeit gehen
und viele Schwierigkeiten des Lebens überstehen.

Schau auf dich

Es gibt Momente, da bist du ganz allein,
vor Kummer und Schmerz könntest du schreien.
Einsam und leer ist deine Welt,
alles fällt zusammen, sogar dein Himmelszelt.

Du blickst ganz weit zurück,
danach läufst du ein kleines Stück.
Ganz außer Atem bleibst du wieder stehen,
du fragst dich, was ist der Sinn im Leben?

Doch auch deine Gedanken bringen dich nicht weiter,
trotz Gesprächen wirst du nicht gescheiter.
Das Hamsterrad dreht sich zu schnell,
das Leben in der schwierigsten Phase ein Duell.

Nach Wolken gibt es wieder Licht
und du bekommst bessere Sicht.
Du musst nur gut auf dich schauen,
dann kannst du immer auf dich bauen.

Stimmen

Ich höre Stimmen,
in meinen Ohren klingt es wie leichtes Trimmen.
Manchmal erzählen sie mir was,
es ist furchterregend und macht gar keinen Spaß.

Langsam glaube ich, ich bin verrückt,
doch meine Stimmen sind von mir entzückt.
Sie wissen gar nicht, wie sehr sie mich quälen,
die Stimmen lassen meinen Kopf oft beben.

Die Medikamente helfen meinem Gehirn,
manchmal lasse ich mich von den Stimmen verwirren.
Doch irgendwann waren sie nicht mehr da,
die Stille im Kopf ist einfach wunderbar.

Die Ärzte boten mir ihre Hilfe an,
sie in Anspruch zu nehmen, ist das,
was ich jeden Menschen empfehlen kann.

Phasen des Lebens

Es gibt so viele Phasen des Lebens,
manche Menschen warten auf das Glück vergebens.
Krankheit, Schmerzen und Trennung
werfen uns aus der Bahn,
manche hören Stimmen
oder haben einen anderen Wahn.

Alte Menschen sind oft hilflos,
die Unterstützung von Angehörigen ist groß.
Viele Jugendliche nehmen Drogen,
falsche Freunde sie nach unten zogen.

Genau diese Phasen lehren uns viel,
niemals aufgeben, das wäre das Ziel.
Liebe Leute, zieht euch das Positive raus,
blendet das Schlechte, so gut es geht, aus.

Denn nur wer kämpft, der hat gewonnen,
wer nicht aufsteht, sieht die Welt verschwommen.
Sei einfach du selbst und mache das Beste daraus
und gehe als Vorbild mit Liebe im Herzen voraus.

Ein Freund

Ein Freund, der mit dir durch das Leben geht,
dir zuhört und der dich versteht.
Ein Freund, der dir weiterhilft und unterstützt,
der deine Ratschläge nützt.

Ein Freund, der dir nicht ins Wort fällt,
der dich nicht bittet um Geld.
Ein Freund, der es ehrlich mit dir meint,
der in schlechten Zeiten mit dir weint.

Ein Freund, der dich zum Lächeln bringt,
der dich zu nichts zwingt.
Ein Freund, der dich schätzt wie du bist,
der sich entschuldigt bei Streit oder Zwist.

Ein Freund, der dir die Treue schwört,
der sich Zeit nimmt, auch wenn es gerade stört.
Ein Freund, der dich liebt von ganzem Herzen,
der deine Hand hält bei Schmerzen.

Ein Freund, der diese Eigenschaften besitzt,
der bei Problemen ganz schnell zu dir flitzt.
Wenn du so einen Freund hast,
dann weißt du, dass es zwischen euch passt.

Sinn des Lebens

Es muss nicht alles glänzen,
man muss sich nicht im Geld wälzen.
Es muss nicht alles schillern,
es reicht wenn Vögel pfeifen und trillern.

Es muss nicht alles enden,
vieles wird sich zum Guten wenden.
Ganz egal ob reich oder arm,
unsere Herzen schlagen und sind warm.

Es muss nicht jeder alles geben,
doch der Sinn des Lebens ist „Leben".

Zuckerfrei

Ein Leben ganz zuckerfrei,
das macht ganz high.
Zwar ist ein zuckerfreies Leben nicht bekannt,
bei vielen Menschen noch verbannt.

Doch langsam stimmen mir die Menschen zu,
der Zucker ist für sie „tabu".
Kein Diabetes und ein gesunder Körper,
ohne Zucker werden wir viel stärker.

Ist es der Geist, er beweist auch zuckerfrei den Fleiß.
Ist es der Körper, der an Gewicht verliert,
ein zuckerfreies Leben auf der Waage die Kilos
einfach ausradiert.
Der Anfang ist zwar schwer,
doch ohne Zucker liebt man das Leben einfach mehr.

Deswegen probiere es aus,
schaff den Zucker aus deinem Haus.
Dann hast du es bald geschafft,
dass sich dein Körper aufrafft.

Probiere es aus, das zuckerfreie Leben,
es wird dir sehr viel geben.

Ohne dich

Du lässt mich nie ausreden,
bei Streit willst du mich nicht mehr sehen.
Du fällst mir gerne ins Wort,
egal wo und an welchen Ort.

Du kritisierst mich sehr oft,
ich habe mir Komplimente erhofft.
Du schaust mich des Öfteren schräg an,
fragst mich nie, ob ich noch kann?

Alles ist selbstverständlich geworden,
egal wie groß waren meine Sorgen.
Im Hamsterrad gefangen,
suchte ich nach Erbarmen.

Doch es wurde immer schlimmer,
unsere Liebe immer geringer.
Irgendwann konnte ich dich nicht mehr sehen,
denn ich wollte wieder in Würde leben.

Lange Zeit kämpfte ich mit den Gefühlen und mit mir,
zu schnell verging die Zeit, ich es noch nicht kapier.
Jetzt bin ich dich endlich los,
doch frage ich mich noch immer,
was mache ich ohne dich bloß?

Lebendig

Deine Augen so blau,
heute deine Haare ganz grau.
Dein Körper so vital,
heute dein Kopf ganz kahl.

Deine Haut so weich,
heute dein Anblick ganz bleich.
Deine Stimme so weise,
heute ganz leise.

Deine Art so angenehm,
dein Gemüt ganz bequem.
Deine Liebe so unendlich,
trotz des Alters sind wir lebendig.

Meine liebe Tochter

Meine liebe Tochter, ich liebe dich sehr,
ohne dich wäre mein Leben ganz leer.
Meine liebe Tochter, du machst mir Mut,
ohne dich wär mein Leben nicht so gut.

Meine liebe Tochter, du bist ein Sonnenschein,
ohne dich wäre mein Herz aus Stein.
Meine liebe Tochter, du machst
mein Leben lebenswert,
ohne dich wäre mein Leben erschwert.

Meine liebe Tochter, du bist mein Lebenssinn
und ich bin sehr froh, dass ich deine Mutter bin.

Von vorne an

Ich weiß, nicht immer geht es dir gut.
Ich weiß, dir fehlt ganz oft der Mut.

Ich denke, dass da zu wenig Selbstbewusstsein ist.
Ich denke, dass du einen starken Partner vermisst.

Ich hoffe, dass du ganz fest an dich glaubst.
Ich hoffe, dass du dir selbst vertraust.

Fang einfach nochmal von vorne an,
denn ich bin mir sicher,
dass jeder wenn er will,
es schaffen kann.

Dein Leben

Dein Leben ist noch nicht aus,
verlasse einfach viel öfter dein Haus.
Dein Leben hat sehr viel Sinn,
vielleicht ist dieser Abschnitt ein Neubeginn.

Dein Leben war nicht immer gut,
vielleicht fehlt es dir nur an Mut.
Dein Leben wird dir noch Glück bescheren
und deine Lebensfreude wird zu dir zurückkehren.

In ewiger Freundschaft

Du bist im Verhalten ganz einfach und schlicht,
der im Umgang mit mir ganz ehrlich spricht.
Du hast dich um mich stets gesorgt,
du bist ein Mensch, der mir sein Ohr mal borgt.

An meinen Geburtstag hast du immer gedacht,
deine Wünsche haben mich stets glücklich gemacht.
Du bist einfach wunderbar,
solche Menschen wie du sind sehr rar,

Deswegen möchte ich dir mit diesen Zeilen sagen,
in ewiger Freundschaft,
in guten wie in schlechten Tagen.

Schwer

Manchmal hat man es schwer,
man stößt im Beruf, im Alltag auf Gegenwehr.
Des einen Freud, des anderen Leid,
Menschen, getrieben von Macht und Neid.

In diesen Situationen sollte man
keine Schwächen zeigen,
Haltung bewahren, den Kopf nicht neigen.
Vielmehr müssten wir Ruhe
und Gelassenheit beweisen,
denn nur dann gehören wir zu den ganz Weisen.

Es kommt alles zurück

Falsche Menschen gibt es überall,
sie bringen für ihren Vorteil ihre Gegner zu Fall.
Liegen die Menschen dann am Boden,
wird noch kräftig nachgeschoben.

Wie es dir dabei geht, ist ganz egal,
manche sehen nur sich selbst, vergessen die Qual.
Doch auch diese Menschen haben nicht immer Glück,
denn im Leben kommt alles mal zurück.

Für immer verbunden

Bleib einfach wie du bist,
du weißt, dass du etwas Besonderes bist.
Lass die Leute nur reden,
für mich wird es nie einen anderen geben.

Wir Zwei haben uns zum Glück gefunden
und unsere Herzen bleiben für immer miteinander
verbunden.

Mein Kind

Mein Kind, mein Fleisch und Blut,
dich zu haben tut einfach gut.

Mein Kind, ich denke an dich jeden Tag,
du bist mein Engel, mein Flügelschlag.

Mein Kind, ich lasse dich nie im Stich,
denn ich liebe dich.

Ganz klar

Das Leben besteht aus Phasen, Kreisen und Ringen,
ich möchte noch gute Taten vollbringen.

Die verschiedenen Phasen,
so viele Einbahnen, Kreuzungen und Straßen.

Die familiären Kreise,
die Gespräche nicht immer leise und weise.

Die bedingungslosen Ringe,
so viele wunderschöne Dinge.

Und nimmst du die Phasen, Kreise, Ringe bewusst wahr
dann werden auch deine Gedanken wieder ganz klar.

Das Leben

Für viele ist das Leben eine Last,
sie kommen nie zur Rast.
Ängstlich gehen sie durch das Leben,
können die schönen Dinge nicht sehen.

Sie zweifeln an ihrem Können
obwohl sie anderen nur Gutes gönnen.
Sie wissen nicht, dass es so einfach wär,
denn das Leben ist kein Beipackzettel,
wo drauf steht: „ ohne Gewähr".

Genau du

Wenn du ganz alleine bist,
glaube nicht, dass das Leben einfach ist.
Um gewisse Probleme kommst du nicht herum,
zu glauben, dass sich von selbst etwas ändert,
das wäre dumm.

Leid und Schmerzen gehen nicht schnell vorbei,
ohne Erfüllung bist du nie frei.
Doch du kannst alles ändern, das geht im Nu,
du schaffst es, ja genau du.

Aus früheren Büchern

Lasst uns ...

Lasst uns tanzen, singen, lachen,
noch ganz viel verrückte Sachen machen.
Lasst uns kurz nochmal ein Kind werden,
jeden Ballast einfach wegleeren.

Lasst uns Purzelbäume schlagen in den Wiesen,
das Leben zu 100 Prozent genießen.
Lasst uns träumen mit Musik,
wo sich jeder in Geborgenheit wiegt.

Lasst uns miteinander reden,
Konflikte werden schnell vergehen.
Lasst uns viele schöne Stunden verbringen,
ohne uns durch das Leben zu ringen.

Lasst uns etwas Gutes essen gehen,
denn das mögen wir gerne im Leben.
Schönes soll uns in Erinnerung bleiben
und allen das Glück, das wir haben, zeigen.

Aufrecht

Aufrecht gehen,
nach vorne sehen.
Vorwärts schauen,
auf Selbstvertrauen bauen.

Chancen ergreifen,
nicht davon abschweifen.
Mach dein Leben zum Sonnenschein,
dein Leben wird dadurch noch positiver sein.

Die gesteckten Ziele sollst du nicht verlieren,
besser nochmal dein Chaos im Kopf sortieren.
Dann wirst du dein Leben gut durchlaufen,
denn dieses Glück kann sich keiner erkaufen.

Kraft

Mit deiner innerlichen Kraft kannst du alles erreichen,
diese Stärke wird dich stets begleiten.
Nutze diese Kraft und Energie,
sie bringt deinen Körper in Harmonie.

Mit Kraft und Stärke wirst du deine Lebensaufgaben
ganz einfach schaffen,
denn innerliche Kraft und Stärke
sind im Leben eine der wichtigsten Waffen.

Das alte Leben

Die Großeltern erzählen uns von einem anderen Leben,
wo sie waren glücklich und frei,
manche denken so gerne zurück
und wünschen sich dieses Leben wieder herbei.

Doch auch die Kriegsgenerationen müssen in dieser
neuen Zeit leben,
wer weiß, wie es wir im Alter mal sehen.
Deswegen genieße jeden wunderschönen Moment,
wo dich Zufriedenheit mit dem Herzen nicht trennt.

Manchmal gibt es Dinge im Leben,
die sollten nicht sein,
das Leben ist bedeckt von einem grauen Schein.
Und weil sich das Leben
so schnell dreht,
lebe, liebe den Augenblick,
denn dafür ist es nie zu spät.

Liebe und Leben

Liebe und Leben,
manchmal auch vergeben.
Freiheit und Leben,
oftmals nach dem Inneren sehen.
Gesundheit und Leben,
dafür einfach immer alles geben.

Glück und Leben
werden deine Stimmung heben.
Frieden und Leben,
oft auf Wolken schweben.
Zufriedenheit und Leben,
immer danach streben.

All diese Wörter bedeuten Leben
und es kann nicht viel Schöneres geben,
als diese Wörter innig zu leben.

Wachsamkeit

Gehe immer wachsam durchs Leben,
so kannst du deine Ziele besser sehen.
Richte die Energie auf deine Gedanken,
es ist eine Möglichkeit,
in deinen Wünschen zu schwanken.

Mit der Wachsamkeit kannst du sehr viel erreichen,
es ist die Entwicklung
und sie wartet auf dein Zeichen.
Deswegen nimm alle Signale deines Körpers wahr,
denn durch Wachsamkeit kommst du
deinen Zielen ganz nah.

Ich fühle mich so leicht

Ich habe mein Leben in meiner Hand,
tauche ab in mein Gedankenland.
Es ist ganz egal, was ich mir denke
und ob ich Menschen meine Liebe schenke.
Mein Gedankenland gehört nur mir,
ich bestimme, wie lange ich träume als Passagier.

Meine Gedanken kann mir keiner nehmen
und wenn ich will, bleibe ich eine Weile stehen.
Wichtig ist, dass auch du deine Gedanken lebst,
nicht nur in deiner Traumwelt schwebst.

Erst dann hast du dein Gedankenland gefunden,
denn du bist ein Leben lang
mit Körper und Seele verbunden.

Wie die Zeit vergeht

Die Zeit vergeht viel zu schnell,
das Alter, die Zeit sind wie ein Duell.
Die Kräfte schwinden,
jeder würde sich gerne in der Jugend wiederfinden.

Deswegen sollten wir jede Minute genießen,
offen durch das Leben gehen,
ohne uns zu verschließen.
Das Alter akzeptieren,
sich nicht nur auf Schönheit
und das Aussehen fixieren.

Doch das Wichtigste sind die besonderen Erlebnisse,
denn sie bringen dir im Alter
die besten Ergebnisse.

Jedes Jahr

Jedes Jahr nimmst du dir sehr viel vor,
du hebst dich durch Hoffnung empor.
Du glaubst, es ändert sich von selbst,
ohne dass du dich quälst.
Und hast du das erkannt,
dann nimm dein Leben ganz einfach
selbst in die Hand.
Du wirst sehen,
es wird dadurch noch viele schöne Jahre geben.

Dunkle Stunden

Es gibt dunkle Stunden im Leben,
das wird jeder von uns öfter erleben.

Doch lasse dich nicht unterkriegen,
du kannst dich bald wieder in Hoffnung wiegen.

Alles geht mal vorbei,
bleib einfach du selbst
und du bist frei.

Freunde

Es gibt so schöne Momente im Leben,
davon wirst du die meisten mit deiner
Familie erleben.
Doch es gibt auch Zeiten,
da ist die Familie nicht da
und es stehen dir deine Freunde sehr nah.

Deswegen sollte man auch auf Freunde schauen,
und nicht nur auf die Familie bauen.
Freundschaften halten oft jahrelang,
was dir einer aus deinen Kreisen nicht immer
geben kann.

Deswegen pflege und hege die Freundschaft
mit deinen Lieben,
denn in schlechten Zeiten kannst du dich anschmiegen.

Es ist ein wundervolles Gefühl,
von einem Freund aufgefangen zu werden,
denn die Freundschaft gehört zu den wichtigsten
Dingen auf Erden.

Körper und Seele

Manchmal geht es uns schlecht,
wir fühlen uns gar nicht recht.
Der Körper schmerzt,
die Seele schreit,
Traurigkeit macht sich breit.

Die Wochen vergehen,
doch auch du wirst wieder Lichtblicke sehen.
Einmal ganz unten,
doch es ist die Zeit,
sie heilt die Wunden.

Der Körper hat sich wieder erholt,
ohne dass die Seele grollt.
Nun hast du dein Gleichgewicht wieder gefunden,
das Leben ist trotzdem schön,
mit all den Schmerzen und Wunden.

All das kannst du erreichen,
dein Körper und deine Seele geben dir ein Zeichen.
Deswegen lasse dich nie unterkriegen,
denn auch du kannst dein Leben wieder lieben.

Wachse

Es gibt in unserem Leben viele Krisen,
lasse dir dadurch das Leben nicht vermiesen.
Manchmal erfährst du in Krisen
deine eigenen Tiefen.

Sie geben uns ganz oft eine neue Chance,
durch Neues kommt dein Körper in Balance.
Krisen geben uns Zugang zu anderen Dingen,
die Seele macht auf und beginnt zu singen.

Krisen können helfen, uns selbst zu entdecken,
durch neue Kraft bezwingst du viel längere Strecken.
Du wirst alte Wege verlassen, neue Wege gehen
und die Krise mit anderen Augen sehen.

Vielleicht gehört die Krise mal zu deinem Glück,
du siehst dein Leben positiv,
schaust weit nach vorne und nicht zurück.
Und nur so kannst du wachsen und bestehen,
denn vielleicht ist die Krise deine Chance im Leben.

Glaube, Hoffnung und Zuversicht

Glaube an dich
und lasse dich selbst nie im Stich.
Lasse deine positiven Gefühle zu,
deine Selbstheilungskräfte werden aktiviert
und die Heilung kommt im Nu.
Durch Hoffnung bekommst du wieder Energie,
dein Körper hat dadurch eine ganz andere
Lebensharmonie.
Durch Glaube und Hoffnung wurden schon viele
Menschen gesund,
du weißt, doch das hat bestimmt einen Grund.

Sei zuversichtlich und habe Vertrauen,
mit Zuversicht kannst du leichter nach vorne schauen.
Lasse sie nicht außer Acht,
denn es ist die Zuversicht,
die in deinem Körper wacht.
Glaube, Hoffnung und Zuversicht,
diese drei Säulen wärmen dich
und geben dir Licht.
Also glaube an die Hoffnung
und sei zuversichtlich mit deinem Glauben,
denn auf diese drei Säulen
kannst du ein Leben lang bauen.

Alphatier

Das Alphatier verlässt seinen Platz,
so kommen alle anderen zur Rast.
Und schon wächst die Gier,
wer ist heute das neue Alphatier hier?

Jeder lässt sich mitreißen,
mit ganz trockenen Worten abspeisen.
Niemand spricht es an,
weil keiner mehr auf Konfrontation gehen kann.

Doch schlucke nicht alles hinunter,
davon wird dein Leben nicht bunter.
Lasse es manchmal einfach raus,
denn gerade das macht ein Alphatier aus.

Und gibst du dich immer geschlagen,
dann werden dich viele Probleme plagen.
Deswegen bleibe immer weit vorne
in deinen eigenen Reihen,
denn auch du,
kannst ein Alphatier sein.

Heiterkeit

Heiterkeit lässt dich die Lebensfreude erkennen,
Harmonie, Zufriedenheit werden in deinem Herzen
brennen.

Ein Lächeln, ein Funkeln in deinen Augen,
mit Heiterkeit durch die Welten schauen.

Mit mehr Lebensfreude erwachen,
durch die Wirkung der Heiterkeit wirst du viel mehr
lachen.

Mit der Heiterkeit fühlst du dich frei, so leicht.
Spüre, wie sie Stück für Stück dein Herz erweicht.

Bald wieder

Schau mich an,
denn ich lächle dich an.
Sei nicht traurig und verbissen,
ich weiß, das Leben ist sehr oft beschissen.

Kränke dich auch ohne Hoffnung nicht,
ich gebe dir das Licht.
Diese Zeit wird wieder vergehen,
ich möchte dich bald wieder lächeln sehen.

Nachwort

Liebe Leserinnen und Leser!

Das Leben ist oft wie ein Gedicht,
manchmal reimt es sich
und manchmal nicht.
Es kann in unserem Leben nicht nur Reime geben,
denn dafür musst du das ganze Gedicht sehen.
Deswegen nimm auch Unstimmigkeiten
in deinem Leben an,
denn der Reim kommt wieder von selbst; irgendwann.

Ich hoffe, ich konnte Sie mit einigen Gedichten
berühren und ermutigen.

Vielen Dank fürs Lesen!

Die Autorin
Nicole Sunitsch

Meine Bücher

Tag X – Dreimal in Haft

Geschichte nach einer wahren Begebenheit

Nicole Sunitsch

Trauergedichte und Trostgedanken

In liebevoller Erinnerung

Band 10

Links

https://nicolesunitsch.blogspot.com
https://www.amazon.de/s?k=B01N1Y3ZMB&rd=1&ref=lp_rd_SEARCH
https://www.pinterest.at/nicolesunitschs/
https://www.instagram.com/nicolesunitsch/
https://www.facebook.com/nicolesunitsch/
https://nicolesunitsch.jimdo.com/
https://funpot.net/entdecken/nur-nickname-GedichteNS/